KB202572

告白

고백

Christian Poem

크리스천 詩

告
고

白
백

나사로 著

좋은땅

목 차

Chapter 1

예수님

고백

모두 살려고 태어나도
오직 한 분만은
죽으시려고 태어나시니

하늘에 영광

땅에는 평화

그분 십자가

그 십자가를 믿고

그 십자가로 사니

그 십자가만 고백

십자가 예수님

'다 이루었다' 하시니
천지 어둠 사라지고
성전 장막 걷히며

하늘 길 열리고
하늘 진리 선포되고
하늘 생명 이뤄지니

그분이

하늘 가는 길

하늘 아는 진리

하늘 사는 생명

그분이 예수님

하나님 자녀 되니
예수님 보고 싶은데
누가 예수님이신지

상처 선명하신 분

내게 오시는 발에

날 안으시는 손에

굵은 못 자국

은혜의 그 발

사랑의 그 손

그분이 예수님

사셨다

예수님은

약해 우신 것도
창에 찔려 죽으신 것도
아니다

예수님은

날 위해 우셨고
날 살리려 십자가에서
죽으셨다

예수님은

나의 용서를 구하며 우셨고

나의 죄악 때문에 죽으셨고

나를 다시 살리려고 사셨다

산다

사랑 소망 믿음
셋은 하나라

사랑하면 소망하며 믿으니

사랑을 사랑으로 붙잡고
소망을 소망으로 바라보며
믿음을 믿음으로 끝내 지키면

산다

예수님을
사랑하고 소망하며 믿으면
영원히 살기에

예수님이

사랑 소망 믿음

주 예수님

십자가에서

사랑과 죄악 만나고
용서와 징계 만나고

영혼과 육신 만나고
영원과 시간 만나고

생명과 죽음 만나고

어제의 나와 오늘의 내가 만나고

오늘의 나와 내일의 내가 만나니

그 십자가를 짊어지신 분

나의 주 예수님

자유

예수님이

자유로 가는 길

자유를 아는 진리

자유를 주는 생명

즐겁게 길 가며

짐 벗을 진리 깨달아

죽음 이긴 생명 감사하니

자유

예수님 이름

예수님 믿는

믿음으로 살며
소망을 가지고
사랑을 나누니

믿음은
소망을 낳고
사랑으로 열매 맺고

믿음으로 걸으니
소망이 반겨주고
사랑이 기다림은

예수님 이름이

사랑이라서

예수님만이

믿음은 오늘과 상상을 넘나든다
눈감은 상상을 현실에서 만난다

소망은 오늘과 기대를 넘나든다
내일의 기대를 현실로 풀어간다

사랑은 오늘과 영원을 넘나든다
영원한 만남을 현실로 이어간다

예수님이 믿음 소망 사랑인 것은

오직 예수님만이 믿음 소망 사랑의

상상 기대 만남을 이뤄주시기 때문이다

주님

부족한 나를
부족하다 아니하시고
이끌어 주시는

모자란 나를
모자라다 아니하시고
채워 주시는

방황하는 나를
못났다 아니하시고
기다려 주시는

주님

주님

오랫동안 말씀도 못 하시고
오랫동안 기다리시는 주님

오랫동안 가까이도 못 오시고
오랫동안 참기만 참으신 주님

너무 사랑하시기에 말씀도 못 하시고
너무 사랑하시기에 기다리시는 주님

너무 사랑하시기에 가까이도 못 오시고
너무 사랑하시기에 참기만 참으신 주님

무지개

눈가 눈물로
무지개 떠서

어디 있나 두리번두리번
하늘 위에 있나 싶은데
찾고 보니 마음속 깊이

눈물 훔치며 드려다 보니
무지개 뒤로 보이시는 분

환히 웃으시는

위로의 주님

그분만

주시려고 구실을 찾으시고
들으시려고 귀 기울이시고

만나기를 원하시고
동행하길 원하시고

어제도 그리하셨고
오늘도 그리하시는

신실하신 주님

사랑이신 주님

그분이 주님

그분만 주님

주 예수님

예수님만이

길은 끝날까지 가서도 살아야 길
진리는 알면 알수록 살아야 진리
생명은 살되 영원히 살아야 생명

믿음은 죽어도 산다는 믿음
소망은 언제고 이뤄질 소망
사랑은 영원토록 나눌 사랑

이들을 넉넉히 이뤄주실 분
오직 살아계신 예수님뿐이니

예수님만이

길이요 진리요 생명이시고

믿음 소망 사랑의 구원자

예수님

더러운 손 닿으면 더러워지듯
죄인이 뭐를 하든 죄인의 짓

만 가지 죄를 진 자가 아니라
한 가지 죄라도 진 자가 죄인

사람으로 태어난 자 중 의인 없으니
한 가지 죄라도 없는 자는 없기 때문

의인 되려면 죄인인 나는 죽고
죄 없이 다시 태어나야 하는데

내가 죽고 내가 다시 살 수 없어

내 대신 죽으시고 나를 살리시려고

십자가에서 죽으시고 다시 사신 분이

예수님

Chapter 2

님

내 꽃

나를 보고 웃으니
님은 웃는 꽃

나를 보고 우니
님은 우는 꽃

웃어도 울어도
어여쁘니

님은 내 꽃

고개 들어
보면 웃음 꽃

고개 돌려
보면 눈물 꽃

웃게 해도 울게 해도
어여쁘니

님은 내 꽃

님 꽃

봄엔 봄꽃
여름엔 무지개 꽃

가을엔 단풍 꽃
겨울엔 눈꽃

사철 내 맘엔
뭐래도 님 꽃

님 꽃 따서 꽂자니

남 볼라

사철 고이 숨기니

내 안에

님뿐

내게 꽃은 님뿐
내게 피는 꽃도 님뿐
내게 향기 나는 꽃도 님뿐

인 것은

님을 보면 기쁘고

님이 웃으면 웃고

이리저리 보이고

눈감아도 보이니

늘 내 안엔

피어있기에

너는

또 보니 더 이쁘고
더 보니 또 이쁘다

가까이 보니 더욱 아름답고
오래 보니 새로이 아름답다

만지니 향기롭고

품어도 향기롭다

그리고

내 안에 넣으니

더 사랑스럽다

님

님 얼굴이 새롭습니다
보고 또 봐도 새로우니
다시 보고 또 보고 싶고

님 사랑이 새롭습니다
나눈 사랑들이 새로우니
나눌 사랑들이 기다려지고

님은 늘 내게

새롭습니다

님 모습

님의 피곤한 모습도
내겐 어여쁩니다
나를 찾을 것 같아서

님의 슬픈 모습도
내겐 소중합니다
내게 기댈 것 같아서

님의 우는 모습도
내겐 아름답습니다
내게 안길 것 같아서

내 눈에 가득한

화장 안 한 모습도

눈물 흘리는 모습도

내겐 세상에 하나뿐인

주님 주신 하늘 꽃입니다

허니문

님과 있음이 행복임은
주님의 가장 큰 선물

님과 있음이 사랑임은
어제 오늘 내일의 고리

님과 있음이 은혜임은
주님이 가까이 느껴져

그래서

님과 있음이

허니문

좋은 날

벚꽃 보며

커피 마시려니

멍하니 있으라고

꽃잎은 잔에 앉고

바람은 잔을 엎고

난리

좋은 날

함께

걸어온 날이 소중
걷고 있으니 사랑

함께

일으키고
업고가고

함께

살아가고
행복하고

연인

만나면 기쁘고

헤어지니 기다려져

친구

만나면 떨리고

헤어지니 안절부절

연인

그리움

사랑 쌓았는데
쌓이는 그리움
그리움 쌓이네

사랑을 쌓으면
괜찮지 했는데
그리움 쌓이네

만난다고 하니
덜할만도 한데
그리움 쌓이네

가슴앓이 종일
두근두근 뜀박
그리움 쌓이네

내 맘

못난이 구름
햇살 가리고

잘난이 구름
햇살 비끼고

구름과 노니
하트가 떠서

누가 그렸나
내 맘 두 손

소풍

님 떠나니 비 오고
햇살 보기 힘들어
침침한 마음

뭐로 지우나
뒤척이다
잠들어

님 꿈으로

소풍 갔다 옵니다

사랑

듣고
보고

주목하고
만지고

이곳에서

저곳에서

오래오래

만나고 싶어

사랑에 사랑을

더한다

설 잠

내 님 가니 보슬 가랑비

내 님 멀어지니 소낙비

날 울게 하는 님

종일 생각하니

늦은 저녁

설치다가

설 잠

잔다

몸살

오늘 밤도
님 생각에 몸살 합니다

이 저 구석
님 향기에 몸살 합니다

눈 둘 곳 없어
님 흔적에 몸살 합니다

눈 감으니 그려지는

님 모습에 웃습니다

웃다가 잠들어서

사랑하다 깹니다

봤으니 뭐 됐지

선들바람 재촉에
꿈나라 갔더니

님 맞아 반가움

보고 싶던 눈물로
발치 적시고

두 손 벌려 안으려다
그만 깨었네

봤으니 뭐 됐지

천상에서나
마음껏 보려나

어서 오시오

가시는 발걸음
어찌 막으리오

가시던 걸음보다
더 빨리 오시오

떠난다는 글이
곧 온다고 읽히니

가시던 모습보다
더 이쁜 모습으로

봄 향기 가시기 전
어서 오시오

내 마음

단풍 아직인데
봄 기다립니다

봄에야 오신다니
겨울 싫어집니다

겨울없이 이른 봄으로
훌쩍 가면 좋겠습니다

봄 꽃들 피기 전에

봄 새들 울기 전에

님 걸음소리 듣기로

내 마음 정했습니다

품 안에

비 뿌리며 떠난 님
꽃잎 날리며 오려나

먹구름 뒤로 떠난 님
햇살 머금고 오려나

미련 남아 아쉬움 가득
이른 봄날로 모두 녹여

천상 사랑 나누노라니
내 눈앞에 내 품 안에

놀 생각

내 님 웃고 있나요
내 맘 날씨가 화창합니다

내 님 슬픈가요
내 맘 일기가 흐릿합니다

내 님 울고 있나요
내 맘 온도가 얼음입니다

오늘 밤에는

달빛 별빛들 모두 잠재우고

밝은 한 별빛만 잠시 깨워

님만 비추라고 해서

놀 생각입니다

내 님 꽃

꽃밭을 거닐어도
허전해서 허둥지둥

꽃들에 묻혀서도
외로워서 안절부절

꽃밭보다 나은

한 송이 꽃이

가득한 향기로

날 끌어안아

화들짝 보니

내 님 꽃

Chapter 3

사랑

사랑

사랑만으로 태어나서

사랑받으며 죽으려니

심고 거둘 건 사랑뿐

사랑이 사랑을 낳으니

사랑이 사랑 더하더라

십자가 사랑

사랑에 사랑을 더하기에
들여다보니 더 사랑

사랑이 사랑을 품고 또 품기에
꼭 안아보니 참 사랑

사랑이 사랑을 낳고 또 낳기에
푹 빠져보니 진 사랑

더 사랑에 놀라고

참 사랑에 안기어

진 사랑에 빠지니

그 사랑은

십자가 사랑

신 망 애

믿음으로 견디니
고통은 축복

소망으로 품으니
고생은 은혜

사랑으로 보내니
이별은 약속

은혜

지나 보니

내 뜻대로 안 된 것도 은혜
부족해서 매달린 것도 은혜
막막했던 깜깜 터널도 은혜

은혜 위에 은혜

은혜로서 은혜

은혜가 은혜

사랑

살자니
만나고 아끼며 사랑

영원히 살지니
믿고 소망하며 사랑

영원히 같이 살자니
전하고 도우며 사랑

믿음 소망 사랑 중에

사랑이 으뜸인 것은

믿음 소망 이뤄지니

나눌 사랑만 남기에

살 만하니

어설픈 인생
서투른 인생

부족한 인생
모자란 인생

누구나 처음인 인생
처음이라 오점투성이

그래도 살 만하니

믿음 있으면

소망 있어서

사랑 있기에

그럭저럭

걱정하는 마음에 긍정을 심고
걱정하는 시간에 열심히 일하고
걱정하는 입술은 굳게 닫아버리고

좋은 생각하고
좋은 글 읽고
좋은 것 보고

믿음으로 다지고
소망으로 나누고
사랑으로 덮으니

세상이 작아 보여

웃으며 그럭저럭

잘 지내더라

괜찮지

함께 나눌 믿음 있고
함께 이룰 소망 있고
함께 할 사랑 있으니

우리 삶은 괜찮지

믿음이 자라 소망 낳고
소망은 사랑으로 이어져
함께 오래 살 곳 있으니

우리 삶은 괜찮지

행복

행복하게 살려고 태어나

행복하려고 살아온 세상

그 행복 멀기만 한 세상

그런데

그 행복 내 가족

그 행복 내 주님

그 행복 내 안에

있으니

행복에 더 행복하더라

나

믿음은

내게 실상이고
내가 증명해야

보고 만져지는
현실이고 일상

믿음 살았으면
나도 살아있고

믿음 허상이면
나는 헛것이니

믿음이

나더라

사랑이더라

추억으로 되새기고
추억으로 이겨내며
추억으로 바라보니

정이더라

함께 믿으며 바른길 찾아서
함께 소망하며 진리 깨닫고
함께 사랑하며 생명 나누니

사랑이더라

살더라

하늘 가까움이 믿음
하늘 그리움이 소망
하늘 가득함이 사랑

하늘 가까이 믿어져서
하늘 가기를 소망하고
하늘 사람들 사랑하니

사는 것같이

살더라

큰 은혜라

매정한 세상사 보면
주님 무심한 듯해도
구석구석 그분 손길

고통 가운데 믿음 있고
좌절 가운데 소망 있고
죽음 가운데 생명 있고

넘어졌다 싶은데 서있고
죽었구나 싶더니 살았고
헤어졌다 싶어도 만나니

세상 삶도

큰 복이라

큰 은혜라

사는 길

수많은 죄 중 한 가지 죄만 있어도
죄지은 죄인

이생이 끝나고 죄들이 밝혀질 때
자유로울 사람 없는데

저생의 감옥은 어떤 죄명으로 왔든
형기는 모두 무기한이니

예수님 십자가 은혜로

내 죄 용서받는 것이

사는 길

사는 진리

사는 생명

이생

예수님 은혜로

믿음으로 보고

소망으로 품고

사랑으로 덮고

멀리 보니

살만해서

감사한

이생

또 은혜라

살아 보니
괘씸한 것도
억울한 것도 있더라
내 인생이려니 한다

살다 보니
불편한 것도
아픈 것도 있더라
내 삶이려니 한다

그래도

이전보다 지금이 더 나아

다가올 날들 기다려져

은혜가 더 은혜

또 은혜라

은혜라

나의 내일은
거저 오는 시간인가
내가 만드는 시간인가

나의 운명은
정해진 것인가
내가 정해갈 것인가

나의 인생은
죽으려고 사는가
더 살려고 사는가

믿음에 달렸으니

나의 받은 은혜라

행복

세상 것들로 행복하겠다는 것은
별을 따서 주머니에 넣겠다는 것

세상이 줄 수 없는 행복을
세상에서 찾아보겠다고 헤매니
세상은 커 보이고 그 길은 험난할 뿐

세상이 흉내도 못 내는 사랑 주시고
세상에 없는 평안 누리게 하시고
세상이 줄 수 없는 기쁨 주시는

그분은 오직 예수님

그분을 만남이

행복

반갑다

믿고 사니
믿는 세상에서 살고

믿고 죽으니
믿는 사람들 반기고

믿음으로 살다가

믿음으로 죽으니

그리웠던 얼굴들

반기며 하는 말

또 만나 반갑다

Chapter 4

천국

천국

안죽고 사니 천국

죽어도 사니 천국

살다가 가니 천국

살아서 가니 천국

산 자의 천국

그곳

그곳은 아버지가 한 분
성도 하나 언어도 하나

그 아버지의 큰아들 한 분 있고
나머지는 동갑내기 형제자매들

큰아들의 형상과 모양을 닮은
형제자매들이 모인 곳이 그곳

큰아들 예수님을 닮게 하시려고
예수님을 그리스도로 보내셨으니

그리스도를 믿고 그곳을 사모하며
그곳에서 살려는 사람이 크리스천

천국으로

믿음으로
죽음 떠나 삶으로

소망으로
어제 벗고 내일로

사랑으로
지옥 멀리 천국으로

천국

믿음은
참고 견디라고

소망은
멀지 않았다고

사랑은
함께 나누라고

믿음으로 심어서

소망으로 거두어

사랑으로 나누니

천국

친구

말 친구가 길 친구 되고

길 친구가 마음 친구 되고

마음 친구가 믿음 친구 되니

앞을 봐도 천국

옆을 봐도 천국

뒤를 봐도 천국

우리 가운데

천국

천국 여행

흘러간 세월에 옛일들도 덩달아 희미 희미
흐르는 날들에 사람들도 어느덧 희미 희미

흘려보낸 시간들 돌아보니 남은 건 사랑뿐
그 사랑 나누게 하신 분은 그리스도 예수님

그분 때문에 살았고
살고 살아갈 것이라
저 세상도 사모하고

사랑의 주님 계신 곳에

사랑한 사람들 있으니

오늘도 만날 그 생각이

천국 여행

소원

노예 소원은 자유
이방인 소원은 귀향
순례자 소원은 본향

크리스천은

힘없는 노예 같고
헤매는 이방인 같고
떠도는 순례자 같아도

언제고 꼭 가게 될 그곳은

영원한 생명과 자유 있고

사랑하는 가족들 만나고

주님도 기다리시는

하늘나라

만남

세상은 장소
천국은 만남

세상은 화려함에 있고
천국은 소박함에 있고

세상은 구해야 하나
천국은 거저 받아야

뺏기고 뺏는 세상

뺏길 수 없는 천국

영원한

만남

천국

꿈이 현실로 만나는 곳

사랑이 현실로 이뤄지는 곳

믿음이 현실로 완전해지는 곳

만남이 현실로 영원히 이어지는 곳

주님 기다리시는 곳

천국

하늘나라

생각할수록 더 좋으신 분이
주님

나눌수록 더 깊어가는 것이
믿음

상상할수록 더 뚜렷한 것이
소망

사랑할수록 더 새로운 것이
사랑

믿음을 나누고

소망으로 바라고

사랑에 사랑 더하니

우리 가운데 하늘나라

만난다

남을 밟고 일어선 사람보다

남과 더불어 일어선 사람이

편히 오래 잘 산다

육으로 흥한 자는 육으로 망하나

사랑으로 흥한 자는 천국을 이루고

믿음으로 흥한 자는 천국에서 만난다

아니면

살고 아니면 죽고
진리 아니면 거짓

가족 아니면 남남
사랑 아니면 미움

구원 아니면 형벌
천국 아니면 지옥

생명은 죽음이 아닌 것

천국은 지옥이 아닌 곳

희미한 빛도 어둠을 뚫고

작은 생명도 사망 이기고

하늘나라

가봐도 죽으면 길이 아니고
믿어도 죽으면 진리 아니고
언제고 죽으면 생명 아니고

길이면 살고
진리면 살고
생명이면 살고

살리는 길
살리는 진리
살리는 생명

예수님 길 가니 하늘나라

예수님 진리 아니 하늘나라

예수님 생명 받으니 하늘나라

예수님 계신 곳이 하늘나라

告白 고백

ⓒ 나사로, 2024

초판 1쇄 발행 2024년 6월 1일

지은이   나사로
펴낸이   이기봉
편집   좋은땅 편집팀
펴낸곳   도서출판 좋은땅
주소   서울특별시 마포구 양화로12길 26 지월드빌딩 (서교동 395-7)
전화   02)374-8616~7
팩스   02)374-8614
이메일   gworldbook@naver.com
홈페이지   www.g-world.co.kr

ISBN   979-11-388-3247-2 (04230)
ISBN   979-11-388-3246-5 (세트)